hibi

八上桐子

港の人

hibi

hibi　もくじ

すずめのまぶた

降りてゆく水の匂いになってゆく

指先の鳥の止まっていたかたち

皆去ってさくらの下が濡れている

子に足を長めに描かれ春の象

まさかまだ待っていたとはきんぽうげ

空豆のおそらく知っている雲間

あさがおの螺旋ほどける蝶番

噴水に虹　赤ちゃんの名が決まる

立ち止まりたくなる九月のくるぶし
いちじくはつめたい夢を見つづける

風に溶けのこる泡立ち草の泡

桐の実のうたえばうたうほどうつろ

腕組みをほどく木の葉がどっと舞う

梟の声だけ聴いている梟

千枚の角をそろえて水の秋

呼べばしばらく水に浮かんでいる名前

少年の一人は川を読んでいる

そうか川もしずかな獣だったのか

雲の流れてインディアンの口承詩

鳥は目を瞑って空を閉じました

ビニールの燃える匂いのする椿

鳥の声になるまで水を見てなさい

石を積む夜が崩れてこないよう

月明かりたるませている象の皺

川沿いに来るえんとつの頃のこと
てぶくろの犬の匂いを嗅いでいる

夕暮れがギターケースにしまわれる
シマウマの縞滲むまですれ違う

ねじれたガラス

風の音わたしのどこをひらいても

よごれてもよい手と足で旅に出る

走り出すちいさく一度揺れてから
真鍮の把手のついている地名

ぺったんこの靴　尾っぽのない魚

地下に出る笑うところを間違えて

おひとりさまですかと闇に通される
さらしくじらのこころの細い夜

芙蓉来て空気をうすくして帰る

人間の皮膚やわらかく糸と針

目の端にやさしく紐が揺れている

預かった猫が重くてあたたかい

ヒツウチでいっぱいになる冷凍庫

一通のメールひらいてからの咳

書き終えてレタス一玉裂いている

踵やら肘やら夜の裂け目から

声になる手前の笑い桑畑

コメディになるまで顎を尖らせる

両脚にはさんでつぶした半日
体育座りで傷口嗅いでいる

虹消える　髪はほどいて結いなおす

握りたくなる新品の鉄パイプ

ねむたげにオカリナの口欠けている

はちみつを透かすと会える遠い猫

朝方の夢がわたしを見てる月

初夏の鳥の一日あれば済む

「おはよう」とわたしの死後を生きる鳥

アサガオノカスカナカオスガシカオ

水に溶ける夜

はじめての町をいちじく揺らすバス

無言でもいい人といる埋立地

弓なりに流れるみずうみの時間

目隠しをされて銀河にふれている

ものがたりとして横たえるからだ

重ねてみました守宮のつめたさを

くちびると闇の間がいいんだよ
二三本余った指で触れている

雨音のてれこてれこになる電話
とぎれたはなしへ梨の皮垂れる

からかって男の肺をふくらます

エアギターのようにあいされている

夕暮れのやぶれかけてるハトロン紙
レシートが長くて川を渡りそう

ふくろうの眼に詰めるだけ詰めて

吊り橋の途中で影を踏み外す

別名で保存するいちまいの背中
ヒヤシンスじゃあどうすればよかったの

水を　夜をうすめる水をください
夢に意味があってぬるいコカ・コーラ

雨漏りのどれほど聴きたかった声
向こうも夜で雨なのかしらヴェポラップ

散歩する水には映らない人と
植物園の半券に似たおわり

ままごと

冷蔵庫だけが大きな家でした

永遠に一つおいて隣りのタイル

こうすれば銀の楽器になる蛇口

風のないみずうみ囲む夕ごはん

三月の水にもたれている金魚

ささやくかに春を鳴らして母の骨

歩いたことないリカちゃんのふくらはぎ
クッションをどけて四月を座らせる

向き合ってきれいに鳥を食べる夜
先割れスプーンあたらしいおとうさん

包丁の柄に西日が当っている
風に似たものが入ってくる網戸

紫陽花へ向く六月の頭蓋骨
おふとんをかぶせて浅く埋めておく

朝のシーツにランゲルハンス島の砂
その手がしなかったかもしれないこと

手前には長い信号父の家

柿の実を数えてくれる喉仏

母訪うてきてくつ下のゴムのあと
向き直る父ふくろうの影になり

加熱用牡蠣のにおっている孤独
おとうとはとうとう夜の大きさに

えんえんと藤のうまれるブリキ缶
うっすらとほほえんでいる斧である

今だけの匂いの庭にある首輪

鎖樋引けばほどけてしまう家

木の匙のあいされなれているように
お茶碗をひとつ洗った手のしずく

器ごとあたためる

九月来る瞼のおりてくるように
まばたきをするたび舟が消えている

左目から右目へ移すうすい魚

じょうみゃくどうみゃく海を通ります

秋に入るひとつも釦ない服で
だらしなく夕日のもたれかかる肩

一枚のカードは古い夜でした

ストローなからだながれるるうりーど

でたらめな呪文でひらく十二月

たんたんと等身大にする床屋

呼びながら神戸は海へ傾いた

うつくしい布　うつくしく裂ける

直ちには影響はない花曇り
濡れている石に痛みのあるように

三月をまだ剝がしてはいけません

ビロードになるまで撫でている臙脂

箱の人消えるマジック高島屋
3階で鳥と魚に分かれます

脚だけのマネキン　デモに行く明日

黒いタネ吐き出す夜間通用口

濡らしたら縮んでしまいそうな夜

あえいうえおあお　水音になるまで

私にもてのひらというあかるさ

藤という燃え方が残されている

一瞬迷子片手だけ濡らすとき

素直に泣くには髪が多すぎる

百日紅かかとが固くなっている

片陰のすっとからだに戻る影

その岬の、春の

青がまた深まる画素の粗い海

手首から先はカモメになりたがる

灯台の８秒毎にくる痛み

やくそくは水でゆわえる水の束

ぬれてかわいてぬれてかわいて岬まで

海沿いにゆくとぐもる貝の耳

舟底のカーブなつかしい口もと

沖合にブイたぶんと言ったきり

息のかかってかたむいてゆく船か

隙間なく触れ合っている海と闇

からだしかなくて鯨の夜になる

くちびるを読みあっている魚と魚

掬おうとするとやぶれるてのひら

とめどなくさかなのからだからしずく

ただ痛いだけの痛みでしょう　波は
潮騒にくるまれたままのくるぶし

くるうほど凪いで一枚のガラス
一体を捨てるかすかな水の音

うっとりとひとりの泡を聴いている

てのひらにあまりにあっけなく消えて

ハンカチ越しに匂うすいむらさき

濡れているところが顔に違いない

さみしさに触れないように拭いている
眼裏というしいちばん遠いところ

八年がもはやくらげになっている
もう夜を寝かしつけたのかしら水

えんぴつを離す　舟がきましたね

島を離れて島のかたちが見えてくる

昼の月むかしむかしのわすれもの
なのはなのひかりはるばるくるひかり

よろこびを薄くのばしてゆく水面
ひんやりとはじまるものを春と呼ぶ

あとがき

お茶碗や湯呑みを指先で弾くと澄んだ音がします。ごっ、と濁ったり、ぐっ、とつかえるのは、どこか欠けたか罅が入っています。

その音が、私は好きです。自分だけの音を得たお茶碗や湯呑みをいとしく思います。

私は、川柳で、はじめて自分の音を聴いたように思いました。川柳に弾き出されるあたらしい音が聴きたくて、今日も川柳を書いています。


この句集を手に取ってくださった方に、ささやかな響きが届くとうれしく思います。

栞文をご執筆くださった、なかはられいこさん、正岡豊さん、小津夜景さん、気長におつきあいくださった港の人の上野勇治さん、ありがとうございました。

そして、川柳を通して出会えたすべての方々に、こころよりお礼申し上げます。

二〇一七年、秋のはじめ

八上桐子

八上桐子　やがみ きりこ

1961年生まれ。

2004年「時実新子の川柳大学」入会。

2007年終刊まで会員。以後、無所属。

hibi

2018年1月18日初版発行
2019年4月10日初版第2刷発行

著　者　八上桐子
装　幀　飯塚文子
発行者　上野勇治
発　行　港の人
神奈川県鎌倉市由比ガ浜3-11-49 〒248-0014
電話 0467-60-1374　ファックス 0467-60-1375
印刷製本　シナノ印刷

ISBN978-4-89629-343-2